Inhalt

Bekanntes und Unbekanntes für Sie entdeckt

Der Stolz auf das schöne Allgäu verbindet Schwaben und Bayern. Beide haben ihre Liebe zur Heimat seit Jahrhunderten unter Beweis gestellt. Der größte Teil dieser beliebten Urlaubsregion liegt in Bayern, ein kleiner Teil gehört zu Baden-Württemberg. Und das Kleinwalsertal ist, wie das Bergdorf Jungholz, österreichisch. Erleben Sie eines nach dem anderen, denn die Allgäuer Landschaft mit grünen Moränenhügeln,

stillen Seen und Mooren, ausgedehnten Wiesen und Wäldern vor der imposanten Hochgebirgskulisse, die mit Klettersteigen über schroffe Gipfel und Grate lockt, ist von besonderem Reiz.

Im Allgäu entdecken Sie außerdem schöne alte Städte, die an ebenso alten Verbindungsstraßen liegen. In Kempten befand sich eine keltische Siedlung. Das Grabungsgelände am Ufer der Iller wurde zum viel beachteten Archäologischen Park Cambodunum umgestaltet. Gehen Sie auf Spurensuche: Blicken Sie in Museumsstuben und uralte Gasthäuser, besuchen Sie Kirchen und Schlösser und setzen Sie sich mit der Vergangenheit auseinander. Wussten Sie, dass man die Hutstadt Lindenberg einst "Klein-Paris" nannte? Kennen Sie die PS-starken Sammlerstücke von Fritz B. Busch in Wolfegg? Weltbekannt ist die Kneippsche Wasserkur, die in Bad Wörishofen im 19. Jh. von Sebastian Kneipp entwickelt wurde. Probieren Sie im Klosterviertel von Irsee bayerisches Bier und gehen Sie in Fischen den Legenden nach, die sich um das 'Schneeschuhlaufen' der Pioniere ranken.

Oberstdorf ist die südlichste Gemeinde Deutschlands. Beeindruckend türmen sich hier die Riesen des Hochallgäus auf, die auch für Nichtalpinisten gut zu bezwingen sind. Sie erfordern allerdings Trittsicherheit, Schwindelfreiheit und eine gute Ausrüstung, denn einige – wie der Hindelanger Klettersteig und der Heilbronner Weg – sind mit Leitern und Seilen gesichert. Für welche Bergtour Sie sich in diesem großartigen Wanderparadies auch entscheiden, erlebnis- und aussichtsreich wird sie immer sein.

Illertissen | Beständiger Wechsel

1 Das imposante Vöhlinschloss aus dem 12./13. Jahrhundert hatte seit seiner Gründung zahlreiche Burgherren. Im Jahre 1549 nahm schließlich ein Brand gründlich Besitz von der Anlage. Was heute hoch über Illertissen aufragt, ist der Neubau aus dem 16. Jahrhundert, ein schönes Renaissancegebäude. Beim Blick hinter die mächtigen Schlossmauern lernen Sie viel über die Welt der Bienen und der Imkerei. Wussten Sie, dass Bienen für 1 kg Honig 5 Millionen Blüten besuchen müssen und dabei bis zu 280 000 km zurücklegen? Dies entspricht einer siebenmaligen Erdumkreisung – die Biene als Sinnbild des Fleißes. Besonderen Reiz besitzt der Schlosshof, von dem Sie der kleinen Bayernstadt ins Herz schauen können.

Schlossmuseum
Mi., Sa. + So.
14-17 Uhr

Gutenzell | Zimmermanns Kirche

2 Bereits 1237 wurde des Zisterzienserinnenkloster gestiftet, dessen Kirche im 18. Jahrhundert Dominikus Zimmermann barockisierte, nachdem im Jahre 1647 schwedische Kürassiere Feuer gelegt hatten. Der positive Nebeneffekt war, dass neben D. Zimmermann auch J. G. Dieffenbrunner und F. X. Feichtmayr beschäftigt wurden. An das Kloster erinnert nur noch die große Nonnenempore mit der Orgel. Überall herrscht heitere barocke Beschwingtheit. An der Kanzel tummeln sich Putten; der gesamte Innenraum prunkt in Weiß, Gold und in Pastelltönen. Über dem Altar ist Gutenzell im Jahre 1755 dargestellt. Die Heiligen Cosmas und Damian zeigen dem hl. Bernhard das Bild des Klosters – der Kirchenlehrer ist zufrieden.

Biberach | Was schrieb Wieland über Biberach?

3 Die bittere Erfahrung, dass ein Prophet nirgends weniger gilt als in seiner Vaterstadt, musste auch der Tübinger Student Christoph Martin Wieland (1733-1813) machen. "Meine Landsleute sind von der Art, dass meine ... Schriften mich, anstatt mich zu empfehlen, um allen Kredit bringen. Einen Poeten hält man da vor einen Zeitverderber und unnutzen Menschen." Heute erinnert vieles in Biberach an den großen Dichter und Philosophen Wieland, der nicht nur einer Biberacher Familie entstammt, sondern hier auch fast ein Jahrzehnt lang neben seiner Tätigkeit als Kanzleiverwalter viele seiner wichtigsten Werke geschaffen hat. Gehen Sie auf Spurensuche: Das Wielandmuseum im Obergeschoss des Zeughauses zeigt das Leben Wielands und sein Gartenhäuschen lädt zu einer literarischen Reise in die Vergangenheit ein.

Wieland-Schauraum
Zeughausgasse 4,
Mi., Sa., So.
10-12 + 14-17 Uhr
Wieland-Gartenhaus
Saudengasse 10/1,
April-Okt.
Mi., Sa., So. 14-17 Uhr

Ochsenhausen | Wo ein Ochse fündig wurde

4 Wenn in der Geschichte stichhaltige Beweise fehlen, werden oft – und meist erfolgreich – die Sagen bemüht. Nicht anders verhält es sich beim heutigen Kloster Ochsenhausen. An dieser Stelle soll vor langer Zeit ein Benediktinerinnenkloster gestanden haben. Als die Hunnen das Kloster zerstörten, vergruben die Nonnen den Kirchenschatz. Erst 100 Jahre später scharrte ein Ochsenpflug den Reichtum aus der Erde. Die erste handfeste Jahreszahl, urkundlich mit 1157 fixiert, gehört zur Kirche. Diese thront majestätisch auf einem Hügel über der Rottum, was ihre Schauseite gut zur Geltung bringt. Im Inneren beeindrucken vor allem die Reliefs und die kunstvollen Deckengemälde. Östlich der Kirche schließt sich der Klosterkomplex an. Besucher, die noch mehr Kirchenkunst der vergangenen Jahrhunderte genießen wollen, folgen einfach der Oberschwäbischen Barockstraße nach Gutenzell.

Klosterkirche
April-Okt.
Mo.-Fr. 9-17 Uhr,
Sa. 10-12, 13-17 Uhr,
So. 13-17 Uhr
Klostermuseum
März-Okt. Di.-Fr.
10-12, 14-17 Uhr,
Sa. + So. 10-17 Uhr,
Nov.-Febr.
Sa. + So. 14-17 Uhr

Tannheim | Einfach mitfliegen!

5 Mitunter geht es im Tannheimer Flieger- und Freizeitzentrum zu wie im Taubenschlag. Schneeweißen Vögeln gleich, setzen auf der rund 650 Meter langen Graspiste die lautlosen Segelflugzeuge zur Landung an. Elegante Gleiter lassen sich nach oben ziehen, um dann im Aufwind zum Flug über die Alpen zu entschwinden. Sie sollten mitfliegen, sofern Sie das nötige Kleingeld für eine Stunde unvergesslichen Erlebnisses aufbringen wollen. Übrigens: Den Kurs vom Ausgangspunkt 48°00′65″ Nord und 10°06′05″ Ost bestimmen Sie allein. Interessant ist die Beobachtung des regen Betriebs auch vom Flughafen-Restaurant oder von der Aussichtsterrasse aus, die beide von gestandenen Fliegern betreut werden. Manchmal brummt auch ein Motorflugzeug heran, setzt auf, um gleich wieder abzuheben – oft als Zubringer zu anderen, größeren Flughäfen.

Kronburg-Illerbeuren | Vergleich stattgegeben

Schwäbisches Bauernhofmuseum
Museumstr. 8,
April-Okt.
Di.-So. 9-18 Uhr

6 In Illerbeuren haben Sie Gelegenheit, Vergleiche anzustellen: Direkt neben einem bewirtschafteten Hof von heute liegt Bayerns erstes Bauernhofmuseum – ein Dorf im Dorf. Der Museumseingang befindet sich direkt in der Ortschaft – und einige Gebäude des Museums stehen sogar an ihrem ursprünglichen Standort. Durch die zeitgenössische Einrichtung der Häuser erhalten Sie einen lebendigen und farbigen Eindruck vom früheren Leben auf den Höfen. So erfahren Sie auch, was eine "Kemma-Kutta" ist oder was sich hinter der "Geldkatze" verbirgt: eine pralle Börse in außergewöhnlicher Form. Werfen Sie auch einen Blick ins Haus Nr. 14, dort befindet sich das Schwäbische Schützenmuseum. Und in den Bauerngärten entdecken Sie Pflanzen, die heute nur noch selten zu finden sind. Zum Abschluss Ihres Rundgangs lädt das historische 'Gromerhof-Stüble' zum Verweilen – natürlich bei schwäbischen Spezialitäten.

Altusried | Schroffe Einladung

7 Wie die Sperrmauer eines künstlichen Stausees wirken die natürlichen Steilwände an der Iller. Da dieses Naturwunder uneinnehmbar ist, müssen Sie sich gleich zu Anfang entscheiden, ob Sie es von oben oder von unten betrachten wollen, Zwischenlösungen gibt es nämlich nicht. Halten Sie sich also entweder an das Hinweisschild 'Bootsverleih' oder wandern Sie in Richtung der Burgruine Kalden und dann über die satten Allgäuwiesen zu den Höhen der Steilwände – aber bitte nur, wenn Sie schwindelfrei sind und Ihnen Gratwanderungen liegen. Seit 1999 besitzt Altusried eine Freilichtbühe mit europaweit einmaliger Holzüberdachung und Platz für 2500 Zuschauer. Das abwechslungsreiche Kulturprogramm reicht von großen Freilichtspielproduktionen über Volksmusik, Musicals, Märchen und Operetten bis zu klassischen Konzerten und Opern.

Leutkirch | Ein schöner Trugschluss

8 Hier erwartet Sie mehr, als Sie vermuten: Der Anblick von Schloss Zeil – hoch auf einem Hügel vor der Stadt gelegen – ist von ferne nicht sehr pompös. Das ändert sich, wenn Sie durch das große Tor gehen: Plötzlich erkennen Sie die ganzen Ausmaße der Anfang des 17. Jahrhunderts erbauten Anlage. In der schneeweißen Fassade ziehen die kunstvoll verzierten Fenster den Blick auf sich: Ist das Glas – wie die Fensterrahmen – "nur" gemalt? Sie können sicher sein: Es ist ebenso echt wie der schöne, teppichgleiche Rasen im gepflegten Park, die markierten Wanderwege und – als besonderes Ziel – das Wildgehege. Auf diese Betrachtungen muss sich Ihr Besuch leider beschränken, denn das Traumschloss – geschichtsträchtige Geburtsstätte eines einflussreichen Adelsgeschlechts – befindet sich in Privatbesitz.

Bad Wurzach | Eine eiszeitliche Urlandschaft

9 Im Norden von Bad Wurzach erstreckt sich die weithin unberührte Moorlandschaft des Wurzacher Riedes. Die Entstehungsgeschichte reicht bis in das Eiszeitalter zurück. Mächtige Eiszungen des eiszeitlichen Rheingletschers formten vor ca. 200 000 Jahren das Wurzacher Becken, in dem sich vor ca. 20 000 Jahren in der ausklingenden Würmeiszeit die abfließenden Schmelzwässer des Gletschers aufstauten. Mit der Klimaerwärmung vor rund 10 000 Jahren drang die Vegetation immer weiter in den See vor, bis das Wasser schließlich mit abgestorbenen Pflanzenresten aufgefüllt war: Der einstige See war zu einem Moor verlandet. In diesem speziellen Lebensraum konnten seltene Tier- und Pflanzengemeinschaften überleben. Damit dies auch künftig so bleibt, steht das Ried unter der Obhut des Naturschutzzentrums Bad Wurzach, das zu Führungen und Exkursionen einlädt.

Bad Waldsee | Von zwei Seen umschlungen

10 Das oberschwäbische Moorheilbad kann mit zwei Seen aufwarten, die sich malerisch um den Altstadtkern gruppieren und kostbare Bauwerke schützend in ihre Mitte nehmen: die ehemalige Stiftskirche St. Peter und das gotische Rathaus mit dem markanten Hochgiebel. Beide wurden im 17. Jahrhundert kräftigen Verschönerungskuren unterzogen: Die Kirche erhielt ein Barockkleid, das Rathaus einen standesgemäßen Außenschmuck.

Bummeln Sie durch den Kurort, auch abseits der Hauptstraße, so fallen Ihnen die vielen, zum Teil kunstvoll verschnörkelten Fachwerkhäuser auf. Sie bilden auch die stimmungsvolle Kulisse bei der traditionsreichen "Fasnet nach Schwabenart", die alljährlich zeitgleich mit dem rheinischen Karneval gefeiert wird, mit dessen Trubel aber nicht vergleichbar ist. Echte Höhepunkte sind dabei die Narrensprünge, zu denen die Fasnetsausrufer das Kommando geben.

Wolfegg | Oldtimer – kleine und große

11 Was Sammlerleidenschaft fertig bringt, zeigt einer der bekanntesten Autotester Deutschlands in seinem privaten Museum in Wolfegg. Der Automobil-Schriftsteller Fritz B. Busch hat sich hier einen Traum verwirklicht: Er bietet ein Oldtimerparadies für alle, die schöne alte Motorfahrzeuge in stilvoller Umgebung – im Marstall des Schlosses Wolfegg – besichtigen wollen. Inzwischen umfasst die Fahrzeugsammlung Busch über 200 sehenswerte Oldtimer, an denen Sie nicht vorbeifahren sollten, denn darunter befindet sich auch der letzte fahrbare Untersatz von Hans Albers.

Bei Ihrem Rundgang erfahren Sie natürlich auch, wie frühere Generationen in den Urlaub fuhren. Sie werden überrascht und erfreut sein!

Automobilmuseum Busch
Mitte März-Okt.
tgl. 9.30-17.30 Uhr,
Nov.-Febr.
So. 10-17 Uhr

Wolfegg | Dokumente eines kargen Lebens

12 Unterhalb des Wolfegger Schlosses befindet sich ein reizvolles Bauernhaus-Freilichtmuseum. Zentraler Punkt ist das heute gastliche Fischerhaus, um das sich verschiedene Nebengebäude wie das Back- und Bienenhaus, der Hühnerstall und die Viehwaage sowie die Bauernhöfe Reisch und Füssinger gruppieren. Die historischen Gebäude wurden liebevoll eingerichtet: Vom Himmelbett bis zum Strohsack, von der sonnigen Hausbank bis zur Emmentaler Käserei reicht der Überblick. Die kleine Käserei dokumentiert anschaulich, wie früher Butter und Käse hergestellt wurden, als vor rund 150 Jahren die Allgäuer Bauern vom Getreide- und Flachsanbau auf Milchwirtschaft umstellen mussten. Das Museum lädt im Sommerhalbjahr zu einem Besuch ein: Während dieser Zeit werden in attraktiven Sonderausstellungen bäuerliche Lebens- und Arbeitsbedingungen aus vergangenen, aber nicht immer guten Zeiten vorgestellt.

Bauernhaus-Museum
April + Okt.
Di.-So. 10-17 Uhr,
Mai-Sept.
tgl. 10-18 Uhr

Kißlegg | Bummel- und Badespaß – aber auch Kunstgenuss

13 Kißlegg hat blaues Blut in seinen Mauern und einen blauen Badesee vor seiner Haustür. Neben dem Freibad im See gibt es ein wohltemperiertes Warmwasserbecken. Gehen Sie am besten erst dort baden und bummeln Sie dann durch das reizende Städtchen an der Oberschwäbischen Barockstraße. Der Ort besitzt eine lange Geschichte als Marktflecken. Früher brachte das Marktrecht Handel und damit Kaufkraft in die Gemeinde. Heute ergänzt viermal im Jahr ein Krämermarkt den wöchentlichen Markt am Samstag.

Das 'Alte Schloss', im 16. Jahrhundert errichtet und bis 1721 barockisiert, besitzt einen schönen Staffelgiebel und ist heute noch Wohnsitz der Familie der Grafen zu Waldburg-Wolfegg-Waldsee. Im 'Neuen Schloss' – erbaut 1721-1727 von J. G. Fischer und reich geschmückt durch J. Schütz, ein Schüler von Dominikus Zimmermann – ist das Innere sehenswert: Beispielsweise das Rokokotreppenhaus, die Schlosskapelle mit Rokokoaltar, der Lüstersaal, in dem heute auch Trauungen stattfinden, ein kleines Kabinett mit einem Deckenfresko, das die schönen Künste verherrlicht sowie der Bankettsaal, der für Schlosskonzerte, Ausstellungen und Lesungen genutzt wird. Außerdem beherbergt dieses Kleinod barocker Baukunst ein Museum für zeitgenössische Skulpturen: das 'Museum Rudolf Wachter'. Mit seinen monumentalen Wandreliefs, Boden- und Freiskulpturen gibt es einen guten Einblick in das Schaffen des Münchener Bildhauers Rudolf Wachter.

Museum Rudolf Wachter
April-Okt.
Di., Do., Fr.
14-17 Uhr,
Sa. 13-17 Uhr,
So. 11-17 Uhr

Kißlegg | Kreatives Arbeiten in stilvollem Ambiente

14 Der Luftkurort an der Oberschwäbischen Barockstraße ist ein beliebter Treffpunkt für Künstler und Kunstinteressierte. Seit einiger Zeit finden in den Räumen des Neuen Schlosses zweimal im Jahr – im Frühjahr und im Herbst – Kunstwochen statt. Namhafte Künstler vermitteln dann ihre Kunst im barocken Ambiente dieses historischen Gebäudes. Es

erwartet Sie eine breite Palette an Kursen. Der Bogen spannt sich vom Zeichnen und Malen über Modellieren und Bildhauen bis hin zur Gestaltung von Schmuck und Metall. Wer will, kann sogar in einer Schreibwerkstatt seiner Schreiblust frönen. In Kißlegg kann jeder, der Interesse an schönen Dingen hat, eigene künstlerische Begabungen entdecken und vorhandene Fähigkeiten weiterentwickeln. Mehrere Kurse werden parallel angeboten, fast alle finden im Neuen Schloss statt. Wenn Sie das Angebot, gemeinsam mit anderen Teilnehmern ohne Leistungsdruck schöpferisch tätig zu sein, oder das attraktive Rahmenprogramm interessiert, hilft das Verkehrsamt weiter. Es informiert auch gerne über die Künstler, die diese Kurse leiten, deren Werdegang und künstlerisches Schaffen.

Wangen | Porträt mit vielen Gesichtern

Städtische Museen
Lange Gasse 1, April-Okt. Di.-Fr. + So. 14-17 Uhr, Sa. 11-17 Uhr

15 Seit 1330 ist jeden Mittwoch Markttag in Wangens Altstadt. In diesem ehemals reichen Flecken gibt das Mittelalter den Ton an. Äußerer Ausdruck sind die stattlichen Bürgerhäuser und das Rathaus, an dem jede Stilepoche ihre Spuren hinterlassen hat, was zeigt, wie geschickt man in früheren Jahrhunderten die alte Bausubstanz verwandte. Ratssaal und Trauzimmer zeigen romanische und gotische Züge, Eingangshalle und Fassade zum Marktplatz sind vom Barock geprägt. Bummeln Sie in aller Ruhe durch die engen Gassen der Altstadt: Im Gebäudekomplex der Städtischen Museen in der langen Gasse erwarten Sie u.a. das Freiherr-von-Eichendorff- sowie das Gustav-Freytag-Museum. In der Rochuskapelle ist vor allem die in 66 Felder aufgeteilte Holzdecke sehenswert. Sie wollen das Allgäu am Stück erleben? Dann erkunden Sie doch die einladenden Wanderwege rund um Wangen.

Scheidegg | Paradies der Ungebliebten

Reptilienzoo
Gretenmühle 9,
Febr.-Nov.
Sa.-Do. 10-18 Uhr

16 Dort, wo sich die Deutsche Alpenstraße an Scheidegg vorbeischlängelt, erwartet Sie ein Tierpark der besonderen Art: Rund hundert Schlangen tummeln sich im Reptilienzoo Scheidegg – im Schlangenparadies. Sie sind eingeladen, Bekanntschaft mit verschiedenen Reptilien zu machen. Warum sollten Sie nicht auch eine Schreckensklapperschlange (eine echte Giftnudel) oder die vier Meter lange Python ins Herz schließen? In Freilandanlagen und im Tropenhaus sorgen zahlreiche Eidechsen für ein vielseitiges Reptilienangebot. Der Zoo ist außerdem in der Zucht erfolgreich. Eine Anakonda beispielsweise wurde Mutter von gleich 12 Jungen. Wenn das keine Sensation ist ...

Nach Ihrem Besuch werden Sie sicher verstehen, warum man diesen Spezialzoo auch "Paradies der Ungeliebten" nennt.

Scheidegg | Abenteuer Natur

17 Auch wenn Sie an der Deutschen Alpenstraße der Naturschönheiten wegen schon öfters angehalten haben, sollten Sie sich Zeit für das Naturschutzgebiet Scheidegg nehmen. Vom Parkplatz aus führen verschiedene Wege zu neuen Zielen: So erreichen Sie – gutes Schuhwerk vorausgesetzt – auf einem kurzen Weg die eindrucksvollen Scheidegger Wasserfälle: Der Rickenbach stürzt unterhalb der B 308 in den 48 Meter tiefen Felskessel der Rohrachschlucht. Wenn Sie sich diesem Biotop auf einer längeren Wanderung nähern möchten, gehen Sie von Waldsee nach Allmansried und dann an der Rappenfluh vorbei südlich nach Kinberg. Oder Sie besuchen die Aussichtspunkte 'Fünfländerblick' und 'Höhenweg' oder die Teiche beim idyllisch gelegenen Kurhaus – Tummelplatz für Wasservögel aller Art. Botanikfreunden bietet dieses Gebiet eine Vielfalt seltener Pflanzen und Kräuter.

Lindenberg | Gut behütet

18 Im 17. Jahrhundert brachten Lindenberger Pferdehändler, die bis nach Italien kamen, die Hutmacherkünste mit über die Alpen. In den langen Wintermonaten wurde nun das einheimische Stroh geflochten und bereits 1656 konnte der Handel mit Strohhüten beginnen. Zur damaligen Zeit war die Hutfertigung noch mühselig und erforderte viele Arbeitsgänge. Nach und nach gab es jedoch Hilfe durch Geräte wie Halmsortierer, Huterer-Schlitten und Geflechtmangel, Vorgänger späterer Maschinen, die bis zum heutigen Tag fortentwickelt wurden. Denn in Lindenberg, dem "Klein-Paris" der Hutmode, ist die Hutindustrie immer noch heimisch. Gehen Sie auf Spurensuche: Das Lindenberger Hutmuseum im Brennterwinkel, in der ehemaligen Strohhutfabrik Mercedes, zeichnet den langen Weg vom ersten Strohhut zur heutigen Hutproduktion anschaulich nach.

Städt. Hutmuseum
Im Brennterwinkel 4, Jan.-Nov. Mi. 15-17 Uhr, So. 10-12 Uhr

Oberstaufen | Hochgratige Wanderungen

19 Mit festem Schuhwerk und festem Tritt kann man von Oberstaufen-Steibis aus der berühmten Nagelfluhkette auf den Rücken steigen. Markantester Gipfel dieser Bergverkettung ist der Hochgrat, mit 1832 Metern sogar Westallgäuer Rekord. Sie können den Hochgrat allein besteigen oder eine ganze Kettenwanderung planen. In beiden Fällen geht es himmelwärts mit der Kabinenbahn ab der Talstation hinter Steibis in 856 Meter Höhe. Die Bergstation auf 1706 Metern ist die Drehscheibe für kleine und größere Unternehmungen. Eine schöne Gratwanderung für Berggewohnte und -begeisterte ist die rund sieben Stunden lange, ausgeschilderte Route zum Berg Mittag. Der Marsch verspricht Tief- und Weitblicke: Immerhin liegen einige Siebzehnhunderter am Wege. Hoch über Immenstadt bringt Sie – von morgens bis abends – die Mittagbahn wieder ins Tal.

Grünenbach | Alles Käse

Sennerei Grünenbach
Sennereiweg 2,
Mo., Di., Do., Fr.
8-12, 15-18.30 Uhr,
Mi. + Sa.
8-12, 17.30-18.30 Uhr,
So. 8-9 Uhr,
17.30-18.30 Uhr,
Führungen:
Fr. 10.30 Uhr

20 Man nehme frische Milch von Kühen, die auf saftigen Wiesen grasen, Lab, das nach alter Überlieferung gewonnen wird, und mische es mit ein wenig Liebe zur Sache – das Ergebnis ist ein herrlicher Käse aus 100 Prozent Natur. Wenn Sie wissen wollen, wie dieses Stück Allgäu aus der Feinkostküche der Natur entsteht, sind Sie in der Sennerei Grünenbach gerade richtig. Im Sommerhalbjahr erfahren Sie bei Führungen interessante Einzelheiten über die Käseherstellung. Oder wussten Sie schon, dass über 300 Liter Rohmilch benötigt werden, um einen 30-kg-Laib herzustellen? Die goldgelbe Rinde erhält der Käse übrigens erst nach einer Reifezeit von vier bis neun Monaten. Die Sennerei Grünenbach stellt seit 1887 Käse her, und zwar mit fast denselben Zutaten wie vor über 100 Jahren. Kostprobe gefällig? Im hauseigenen Käseladen finden Sie bestimmt Ihr "Stück Allgäu".

Isny | Türme und Mauern, die überdauern

21 Wie ein Ring ziehen sich um Isny Stadtmauer und Wall, bewachen Tore und Türme die frühere freie Reichsstadt. Fast lückenlos erhalten ist auch der historische Ortskern – von der Nikolaikirche mit ihrer wertvollen Bibliothek aus dem 15. Jahrhundert bis zum Diebsturm. Gegenüber dem aus mehreren Patrizierhäusern zusammengesetzten Rathaus befindet sich der Blaserturm, auf dem die Wächter früher nach Feuer und Feinden Ausschau hielten. Erkunden Sie auch die reizvolle Landschaft um Isny. Wertvolle Hilfe leistet dabei der Aussichtsturm auf dem Schwarzen Grat, mit 1118 Meter zugleich die absolute Spitze Württembergs. Er zeigt Ihnen aus übergeordneter Warte die nahen Allgäuer Alpen und das österreichische Vorarlberg – vielleicht sogar den Bodensee.

Isny | Kunst im Schloss

Kunsthalle im Schloss
Di.-So. 11-17 Uhr

22 Hirsauer Mönche gründeten im Jahre 1096 die Benediktinerabtei Isny. Nach dem großen Stadtbrand von 1631, bei dem auch das Kloster ein Raub der Flammen wurde, erlebte die Abtei nach ihrem Wiederaufbau zwischen 1702 und 1731 ihre größte Blüte. Der Kunstfertigkeit der Wessobrunner Stuckateure verdankt die Rokoko-Kirche ihre prächtige Innenausstattung. Nach der Säkularisation verließ der Konvent das Kloster, die Gebäude wurden zum herrschaftlichen Schloss. Heute befinden sich dort Werke von Friedrich Hechelmann: großformatige Tafelbilder, entstanden zwischen 1972 und 2007, sowie Buchillustrationen, Zeichnungen und bemaltes Porzellan. Außerdem erwartet Sie im ehemaligen Konventgebäude eine Sammlung von rund 60 Marmor- und Bronzerepliken berühmter antiker Skulpturen wie der Laokoon oder der Barberinische Faun. Diese hat der in Isny geborene Maler Hechelmann der 'Kunsthalle im Schloss' als Dauerleihgabe überlassen.

Wengen | Grenzüberblickende Aussicht

23 Der Parkplatz am Eschacher Weiher ist für Privatautos Endstation auf dem Weg zur bayerisch/baden-württembergischen Landesgrenze. Zu Fuß geht es über die Waldstraße bergauf bis zur Wenger-Eggalm. Von Mai bis September können Sie von der schönen Terrasse des Berghofes aus – und bei einer zünftigen Brotzeit – den erstrebenswerten Gipfel ins Auge fassen: den Schwarzen Grat. Zusammen mit dem Aussichtsturm ist er 1118 Meter hoch und trennt auf den Punkt genau die Länder Bayern und Baden-Württemberg.

Wer nicht ganz so hoch hinaus will: die Ruine Alt-Trauchburg liegt in einer herrlichen Landschaft, ist zu Fuß gut zu erreichen und wartet mit einem gemütlichen Biergarten auf.

Wengen | Auf zur Viehscheid!

24 Kommen Sie Mitte September ins Allgäu, dann sind Sie Zeuge eines farbenfrohen Spektakels: Es ist Viehscheid! Die Viehhirten treiben am Ende der Saison die Kühe wieder ins Tal. Menschen und Tiere werden dafür schön herausgeputzt: Bunte Blumenkränze zieren die Häupter der Kühe, um die Hälse ranken sich Halsbänder aus schwerem Leder, an denen blank polierte riesige Glocken baumeln. Der Schmuck zeigt einen gut verlaufenen Almsommer an. Die feschen Hirten sind geschmückt mit Blumen bestückten grauen Filzhüten, dazu tragen sie kurze Hosen oder Bundhosen aus Leder. So ziehen sie mit ihren Tieren nach dem arbeitsreichen Sommer auf der Alm wieder ins Tal, um das gemeinsam betreute Vieh zu "scheiden" und seinen Eigentümern zurückzubringen – wie es schon Generationen vor ihnen getan haben. Genießen Sie das farbenfrohe Ereignis.

Weitnau | Auf Spurensuche

25 Wie funktioniert der Lebensraum Wald? Wie wurde aus dem einstmals "blauen" das heutige "grüne" Allgäu? Was hat es mit dem so genannten `Alpkönig' Carl Hirnbein auf sich? Antworten darauf und noch mehr Informationen zu Geschichte, Kultur, Flora und Fauna gibt es auf dem rund 6,5 km langen Carl-Hirnbein-Weg zwischen Weitnau und Missen. Starten Sie an der Kirche St. Pelagius, der letzten Ruhestätte von Carl Hirnbein, der um 1840 als erster die Weichkäserei und damit den wirtschaftlichen Aufschwung ins verarmte Allgäu brachte. Die Kirche ist ein neugotisch ausgestatteter Sakralbau mit farbenfroher Ausmalung und fantasievoller Schablonenmalerei. Nach der Besichtigung wandern Sie in Richtung Widdumtobel und weiter über die Sefeles-Ruh und Waldimkerei hinauf in den Kinderwald. Am Waldweiher vorbei führt der Weg entlang des Trettenbachs bis zum Kräutergarten in Wilhams und weiter über den Schrofen bis zur Freizeitanlage in Missen. Hier haben Sie sich dann eine Brotzeit verdient.

Kempten | Später Flirt mit Bayern

26 Die alte Kelten- und Römerstadt Kempten kann auf eine 2000-jährige Geschichte zurückblicken. Um die Zeitenwende standen die ersten Holzhäuser am rechten Illerufer. Nach dem Einfall der Alemannen wurde die Stadt an den Fuß der Burghalde verlegt. Nach den Schweden und Preußen entdeckten 1803 die Bayern ihr Herz für die städtebaulich reizvolle Anlage. Mitte des 17. Jh.s entstand die prunkvolle Fürstäbte-Residenz. Das Rathaus – früher Sitz der alemannischen Herzöge – datiert von 1368, erhielt 1934 im Sitzungssaal die spätgotische Holzdecke von 1460, die aus dem Weberzunfthaus stammt. Auf der Burghalde, einst Standort eines spätrömischen Kastells, später der Burg der Klostervögte, stehen noch ein gotischer Burgturm von 1488 – und eine Freilichtbühne.

Kempten | Erlebnis Berg

Alpinmuseum
Landwehrstr. 4,
Di.-So. 10-16 Uhr

27 Der lang gestreckte, mehrgeschossige Trakt des ehemaligen Marstalls hat von seiner Planung bis zur heutigen Nutzung als Museum eine wechselvolle Zeit hinter sich. Hier stehen die Berge im Mittelpunkt. Der Themenbogen reicht vom Heiligen Berg bis zum Energiereservoir Alpen. Sie erleben den Berg in Wort und Bild – von Dante bis Goethe, von Giotto bis Morgenstern. Einen breiten Raum nimmt der Alpinismus ein – von Horace Bénédikt de Saussure bis Reinhold Messner. Hier erfahren Sie alles über das moderne Klettern. Es folgt eine ausführliche Beschäftigung mit den Anfängen des Skisports: 1888 durchquerte der norwegische Polarforscher Nansen erstmals das grönländische Inlandeis auf Skiern und bewies damit deren Funktionstüchtigkeit. So begann der Siegeszug der "langen Latten".

Kempten | Ein Tempelbezirk hoch über der Stadt

Archäologischer Park Cambodunum
Cambodunumweg 3,
März-Dez. Di.-So.
10-17 Uhr

28 'Cambodunum' ist keltischen Ursprungs. Die Römer übernahmen den Namen für ihre Siedlung rechts der Iller. Weit gehend zerstört, entstand Cambodunum neu, nun erbaut in Stein – nach den Vorbildern im Mittelmeerraum, mit großer Forumanlage und stattlicher Basilika. Zum Palast (Praetorium) des römischen Statthalters gehörte eine private Badeanlage, die 'Kleinen Thermen'. Dazu kam ein riesiger Altarbezirk mit 13 Tempel- und Kapellenbauten. Gehen Sie auf Spurensuche im Archäologischen Park – die Ausgrabungen lassen eine längst vergangene Zeit wieder lebendig werden. Vom gallo-römischen Tempelbezirk genießen Sie einen herrlichen Blick auf die Stadt.

Durach | Mit dem Taxi zur Zugspitze

29 Es ist schon ein prickelndes Gefühl, den Flugplan der "Deutschen Alpenflug" zu studieren: Da werden Rundflüge über die bayerischen Märchenschlösser, über den Bodensee, die Alpen und die Gletscherwelt angeboten. Aus keiner normalen Linienmaschine wird Ihnen je solch ein Einblick in einsame Bergregionen ermöglicht. Nirgendwo sonst kommen Sie Ihrem Traumschloss aus der Vogelperspektive so nah. Es ist ein im wahrsten Sinn erhebendes Gefühl, über die fantastische Bergwelt zu gleiten. Natürlich hat dieses Vergnügen auch seinen Preis. Aber das Ticket für ein Viertelstündchen Vogelfreiheit ist erschwinglich. Teurer wird es allerdings, wenn Sie einen ausgewachsenen Gletscherflug buchen, hinauf ins ewige Eis. Selber fliegen lernen können Sie dort übrigens auch. Und Nichtflieger lassen vom Flugplatz Durach aus einfach ihre Fantasie mitfliegen.

Niedersonthofen | Wasserballett – mit und ohne Brett

30 An vielen Seen sind heute aufgrund der Menschenmassen Verbotsschilder nicht mehr wegzudenken, im Wasser wird der Freiraum immer stärker eingeengt. Das Gegenteil von straff organisierter Freizeitwelt finden Sie am und im Niedersonthofener See. Er lädt zum uneingeschränkten Badevergnügen mit großen Liegewiesen und gut eingerichteten Campingplätzen. Der See bietet beste Voraussetzungen für das Heer von Surfern und Seglern, die hier mit Leidenschaft den Wind in den Händen halten. Rudern, Schwimmen, Angeln, alle Möglichkeiten werden Ihnen hier geboten. Und an vielen Stellen des lang gestreckten Sees oder an den drei Inselseen, der nordöstlichen Fortsetzung des Niedersonthofener Sees, können sie fast ungesehen baden.

Sulzberg | Einladung zum Burgfest

31 Die Burgruine derer von Sulciberg und Schellenberg liegt auf einer Anhöhe südlich von Sulzberg. 1170 erstmals erwähnt, gilt sie als eine der größten Ruinenanlagen des Oberallgäus. In mühevoller Fleißarbeit ist es dem Verein 'Burgfreunde Sulzberg e.V.' gelungen, die Ruine zu erhalten und zu sanieren, ihre Geschichte zu erforschen und darzustellen. Fest steht, dass der älteste Teil der Burganlage um 1100 errichtet wurde. Seit Juli 1987 ist der Bergfried zugänglich. Das dort eingerichtete Museum zeigt in den Sommermonaten Funde, die bei den Sanierungsarbeiten zu Tage traten und teilweise restauriert wurden. Schauen Sie mal vorbei – z.B. beim Burgfest mit Ritterspiel im Spätsommer – und genießen Sie die herrliche Aussicht auf die Allgäuer Berge.

Mittelberg | Der energiegeladene See

32 Unweit vom Grüntensee beginnt der steile Anstieg der Alpen. Vor dieser beeindruckenden Kulisse haben Surfer und Segler ein windsicheres Revier. Denn über dem Grüntensee bläst wie aus einer unsichtbaren Windmaschine immer eine frische Brise. In Ufernähe ist vom Wind fast nichts zu spüren – dort gibt es etliche Badeanstalten. Ein Waldgürtel schützt die Liegewiesen außerdem vor windigen Angriffen aus dem Hinterland. Dieses gehört den Wanderern, die hier kräftig ausschreiten müssen – normalerweise dauert der Weg um den See drei Stunden. Ein anderes Wandervergnügen bietet die 'Steinmeile', ein naturkundlich-geschichtlicher Lehrpfad in Oy-Mittelberg.

Jungholz/A | Die Sprechblase Tirols

33 Wie eine Sprechblase ragt die österreichische Exklave Jungholz ins Allgäu hinein. Acht Quadratkilometer Bayerisch-Österreich, das eine besondere Sprache spricht. Weil im Jahre 1342 der Allgäuer Häselin dem Tiroler Lochpühler das Jungholzer Gebiet verkaufte, herrscht hier heute hübsche Konfusion. Die Jungholzer bekommen deutsche Frühstücksbrötchen und Ihre Post von einem österreichisch Uniformierten. In Deutschlands kleinstem Zollgebiet auf der 1100 Meter hohen Sonnenterrasse gibt es ein paar Hundert Einwohner und viele schöne Wanderwege. Grenzschilder haben Museumswert. In der Ortsmitte am Rathaus steht ein solches: "Kaiserthum Österreich, Gefürstete Grafschaft Tirol ..." – mit Doppeladler!

Eisenberg | Bauten böser Buben

34 Romantik spielt mit, wenn es um Burgen und Schlösser geht. Dabei waren die Zeiten, aus denen die meisten dieser Gebäude stammen, oft recht ruppig. Romantisch klingt auch der Name Schlossbergalm, Ausgangspunkt zu zwei der schönsten bayerischen Burgruinen. Vom Ortsteil Zell aus geht es rund 90 Minuten gefahrlos bergan. Dann müssen Sie sich entscheiden: Entweder Sie gehen 10 Minuten lang einen steinigen Weg durch dichten Wald zur Stammburg derer von Eisenberg. Oder Sie wechseln zur etwas jüngeren Burg Hohenfreiberg. Drei Brüder hatten hier ihre Festungen und waren immer wieder an kriegerischen Auseinandersetzungen beteiligt – beide Burgen wurden 1646 niedergebrannt. Setzen Sie Ihren friedlichen Streifzug unbehelligt fort – zu so hübschen Plätzen wie Hopfensee oder Weißensee – oder bis Schloss Neuschwanstein, das von ferne grüßt.

Pfronten | Steckenpferde

35 Freudiges Wiehern begrüßt die Gäste auf dem Fohlenhof Sengmüller in Pfronten-Weißbach. Da die hier lebenden Shetlandponys und Haflinger ohnehin täglich ihre Runde machen, freuen sie sich über Gesellschaft. Behutsam und geduldig tragen sie kleine und große Anfänger über Stock und Stein. Aber auch Sattelfeste sind willkommen. Auf Wunsch lassen sich die Ponys gern im Sommer vor die Kutsche und im Winter vor den Schlitten spannen. Falls Sie mehr als den normalen Ausritt mitmachen wollen, empfiehlt sich in jedem Fall eine telefonische Anmeldung. Denn der Stall lässt sich nur auf Bestellung aus dem gewohnten Trab bringen. Schließlich werden die liebenswerten Vierbeiner vom Besitzer nicht in erster Linie als Reit- und Zugpferde für Zweibeiner gehalten, sondern vor allem als Steckenpferde.

Pfronten | Logenplatz für eine Burgruine

36 Romantisch gelegene Schlösser liebte Ludwig II. von Bayern besonders. 1884 kaufte er daher den Falkenstein, Deutschlands höchste Burgruine in 1228 m Höhe. Er wollte das Gemäuer abreißen, um hier ein Märchenschloss zu errichten. So fuhr er in mondhellen Nächten hinauf und träumte auf dem Vorplatz der Ruine von einem zweiten Neuschwanstein. Und an Richard Wagner schrieb er: "In Bayern gibt's keinen schön'ren Platz!" Doch Ludwig endete tragisch – die Ruine blieb, wie sie war.

Erbaut wurde Burg Falkenstein im Jahre 1059 vom Augsburger Bischof; 1646 wurde sie zerstört. Traumwandeln auch Sie auf den Spuren des Märchenkönigs, bevor Sie die angenehme Wirklichkeit wieder einholt: Im feinen Burghotel oder im gemütlichem Gastraum im Hotel Schlossanger Alp.

Pfronten | Ideal für Aufsteiger

Breitenbergbahn Pfronten
Tiroler Str. 176, tgl. 9-16.30 Uhr

37 Wäre das Pfrontener Tal nicht so schön und fruchtbar – es hätte nie die dreizehn Dörfer mit den 'Freien Bauern' gegeben. Es gäbe Pfronten nicht, noch die vielen Möglichkeiten, hier erholsame Stunden oder Tage zu verbringen. Durchstreifen Sie Ort und Kurpark und fassen Sie dann den Mut zum Gipfelsturm. Hier ist es einfach: Mit den Kabinen der Breitenbergbahn nehmen Sie den Berg von der Breitseite und sind nach zwei Kilometern Luftlinie auf der Hochalpe mit ihrer schönen Aussichtsplattform. Von dort geht es per Luftsprung weiter mit der Hochalp-Sesselbahn auf den Sattel zwischen Breitenberg und Aggenstein. Zwischen den Stationen und um sie herum tut sich ein Wandergebiet auf, das es auch Ihnen antun wird. Und in den Hütten können Sie den stets gut gedeckten Tisch der Berge genießen.

Deutsche Alpenstraße | Traumstraße für wache Gemüter

38 Eine Traumstraße – das ist die Deutsche Alpenstraße. Sie fordert natürlich wache Fahrer, schon wegen der tausendfachen Kurven. Aber auf den 450 km zwischen Lindau und dem Berchtesgadener Land fahren Sie wirklich an einem traumhaften Panorama vorbei. Zwischen Scheidegg und Füssen läuft ein Breitbandfilm – nonstop. Einen ersten Höhepunkt erreicht er bereits bei Scheidegg: Mit dem Fünfländerblick sehen Sie Österreicher, Schweizer, Allgäuer und Liechtensteiner Gipfel. Und bei ganz klarem Wetter die Vogesen. Obwohl die Alpenstraße selbst keine Gipfelstürmerin ist, erreicht sie beim Oberjoch doch alpines Format. In Serpentinen windet sie sich bis auf 1200 Meter hinauf. Von der Kanzel blicken Sie hinab auf Hindelang und hinauf zum Band der Gipfel. Früher zogen über diese alte Salzstraße die Frächter mit schweren Karren. Da haben Sie es heute leichter.

Bad Hindelang | Märchenwelt auf grüner Wiese

Kutschenmuseum
Ortsteil Hinterstein, tgl. 8-20 Uhr

39 Von allen Parkplätzen in Bad Hindelang-Hinterstein führen schöne Wanderwege zu Martin Webers Kutschenmuseum. Und so empfängt Sie in einer kleinen Hütte an der Ostrach, inmitten grüner Wiesen, eine wundersame Welt: Sie werden gebeten, stumm und aufmerksam durch den Raum zu gehen. Auf mehreren Tafeln erläutert der Erbauer und Hersteller des Museums Werdegang und Restaurierung seiner Kutschen. Alle stammen aus der ersten Hälfte des 20. Jahrhunderts und erzählen Ihnen ihre Geschichte: Die Doktor- oder Damenkutsche war schön zu fahren, drohte in den Kurven aber oft umzukippen. Etwas sicherer war die Hochzeitskutsche, die früher zu einer standesgemäßen Trauung dazugehörte. Und für zünftige Schlittenfahrten standen immer einige Modelle in der Remise. Besonders gelungen ist die Nachbildung eines Schlittens aus dem Film 'Dr. Schiwago' – Romantik pur. Übrigens: Wenn Sie sich, wie eingangs erbeten, in der Hütte leise verhalten, erleben Sie eine stille Überraschung ...

Sonthofen | Wo der Wildbach rauscht

40 Hinweisschilder in Sonthofen führen Sie in ein Stück schönsten deutschen Heimatfilms, zur wildromantischen Starzlachklamm. Nach einer Viertelstunde an der Starzlach entlang kündigt das Rauschen des ersten Wasserfalls hinter der Hütte die Klamm an. Nun beginnt die Vorstellung: Steil aufragende Felswände, mächtige Tannen und das Tosen des Wassers bilden die eindrucksvolle Kulisse für Ihre halbstündige Wanderung durch die romantische Kluft – inszeniert vom Flüsschen Starzlach, das sich aus 1070 m Höhe seinen Weg durch die Allgäuer Alpen gräbt. Trinken Sie zum Abschied noch einen kräftigen Schluck – die Einheimischen schwören auf die Heilkraft des Wassers.

Sonthofen | Heimatliches Glockenhaus

Heimathaus
Sonnenstr. 1,
Di.-Do., Sa., So.
15-18 Uhr

41 Alles Gute kommt von oben, sagt das Sprichwort. Die alten Allgäuer kannten offenbar auch Ausnahmen: Das Himmelbett im Sonthofener Heimatmuseum hat nämlich einen hölzernen Himmel und konnte Schmutz und anderes auffangen, das von der Decke fiel. Das Kernstück des Heimathauses bildet ein altes Allgäuer Bauernhaus aus dem 18. Jh. Es ist auf die einstige Wohnkultur spezialisiert. Sie lernen alte Handwerkstechniken kennen und erfahren viel vom Innenleben der Allgäuer Häuser und vom Leben darin: Von der Küche im Flur aus wurden Stube und Gaden – die Schlafkammer – verblüffend einfach geheizt. Sehen Sie auch, wie die Säuglinge früher gewickelt wurden – welch ein Unterschied zur heutigen Methode. Was Milch gebendes Vieh um den Hals trug und noch heute trägt, ist in diesem Museum mit tönenden Beweisen erschöpfend aufgereiht.

Immenstadt | See- und Sehempfehlungen

42 Immenstadt hält es mit Natur und Kultur gleichermaßen, und man kann sich kaum entscheiden, ob man nun den großen Alpsee oder die kleine Stadt lieber mag. Der See – bis zu 23 °C warm – ist auf jeden Fall ein rundum gelungenes Stück Natur, denn rundherum blicken majestätisch die Berge auf ihn herab. Der gigantische Talkessel mit Wasser und Wald bietet ein solides Allgäuer Freizeitangebot. Im historischen Städtchen ist alles etwas bescheidener im Ausmaß, aber schön im Ausdruck, so die kunstvollen Schilder der Gasthäuser oder die Kassettenmalereien in manchen Wohnstuben. Sehenswert sind auch der Rittersaal im Stadtschloss und das Heimatmuseum 'Hofmühle' an der Ach – 1451 als "müli z ymenstatt" erstmals urkundlich erwähnt. Wasserrad und Aufbau eines kompletten Mahlganges machen den historischen Zweck des altehrwürdigen Bauwerks wieder sichtbar.

Heimatmuseum 'Hofmühle'
An der Aach 14, Mi.-So. 14-17 Uhr

Fischen | Zwei Spuren im Schnee

Heimathaus mit Skimuseum
Hauptstr. 3, Di. + Do. 16-18 Uhr

43 Vom Schneeschuh bis zum Rennski reichen die Ausstellungsstücke im Skimuseum, das neben dem Heimatmuseum im Gschwenderhaus eingerichtet wurde. Der Blick geht in die Vergangenheit: Zwei Spuren im Schnee stellten im Dezember 1891 Bauern aus Vorderburg am Fuß des Grünten vor ein Rätsel. Von wem rührte die geheimnisvolle Doppelspur im Tiefschnee? Es dauerte etwas, ehe Hilfslehrer Adalbert Ebner aus Oy-Mittelberg ausfindig gemacht wurde. Er war es, der mit seinen "neumodischen Gleithölzern" diese Spur hinterlassen hatte. Ebner ging als 'Pionier' in die Allgäuer Skigeschichte ein, wie die Allgäuer Bergsteigerchronik berichtet. Diese und ähnliche Geschichten sowie viele interessante Details erfahren Sie im Skimuseum. In der 'Allgäuer Zeitung' vom Februar 1898 konnte man übrigens lesen, dass 'Schneeschuhlaufen' wohl eine der beliebtesten Wintersportarten werden würde ...

Obermaiselstein | Allgäuer Innenleben

44 Wie wäre es, zur Abwechslung einmal die Berge von innen zu betrachten? Am besten dort, wo das Allgäu einen langen Riss aufweist. Dieser Riss im Berg heißt Sturmannshöhle, wurde 1904 entdeckt und ist von Mai bis Oktober zugänglich. Bereits der Weg dorthin lässt das (Wanderer-)Herz höher schlagen. Lassen Sie also das Auto an der Straße Ried-Tiefenbach stehen, dem sog. "Hirschsprung" mit der Hinweistafel zur Höhle, und beginnen Sie Ihren Spaziergang: 30 Minuten durch Wiesen und Fels, an Wasser und Wasserfall vorbei bis zur Höhle – es folgen rund 300 Meter Allgäuer Innenleben. Beim 180-Stufen-Marsch in 65 Meter Tiefe werden Sie feststellen, dass es kühl ist im unteren Allgäu (+ 4 °C!). Zur Erwärmung empfiehlt sich die rustikale Berggaststätte. Denn neben der geologischen gibt es auch eine gastronomische Seite des Berges mit dem Riss.

Balderschwang | Auf hohem Niveau

45 Wenn Sie im Allgäu mal hoch hinaus wollen, empfiehlt sich Balderschwang. Der Ort hält rund ums Jahr zwei Rekorde: Er liegt am Ende von Deutschlands höchster Passstraße, dem Riedbergpass, und ist zugleich mit 1044 Metern Bayerns höchstgelegene Sommerfrische. Im Sommer locken reizvolle Touren zu einer der vielen Almen. Genauso anspruchsvoll ist das Bergwandern am Riedbergpass mit Ziel Riedberghorn in 1787 Metern Höhe. Sie erreichen den Gipfel in gut einer Stunde von der Grasgehrenalm aus. Auf dem Rückweg lädt die 1420 Meter hohe Alm zur Jause ein. Wenn Sie wollen, können Sie in der gemütlichen Berghütte mit schöner Sonnenterrasse den berühmten Allgäuer Käse und/oder gutbürgerliche Küche probieren, und wenn Sie länger bleiben wollen, auch übernachten.

Oberstdorf | Pferdestärken einmal anders

46 Das Oberstdorfer Ortszentrum ist weitgehend autofrei! Von Sammelparkplätzen fahren Elektrobusse im 15-Minuten-Takt in den Ort. Von dort kutschiert Sie eine kleine Bahn mit Dieselmotor durch Oberstdorf. Für die Fahrt in die reizvollen Hochgebirgsseitentäler nehmen Sie am besten das Angebot der originalen Pferdestärken wahr. Wer ohne Auto unterwegs ist, kann auch einen uneingeschränkten Blick in das Schnaps-Museum werfen und die über 30 Schnaps-Spezialitäten einer näheren Prüfung unterziehen. Das Kur- und Freizeitbad bietet halbstündlich meterhohe Meereswellen und im Winter eine allabendliche Lasershow. Vielleicht erwärmen sie sich auch für das Natur-Sole-Heilbad, das es auf 35 °C bringt.

Schnaps-Museum
Schraudolphstr. 8,
Mo.-Fr. 10-18 Uhr,
Sa. 10-13 Uhr,
So. 13-16 Uhr

Oberstdorf | Luftige Lift- und Lauflandschaft

47 Anno 1901 benötigten der Sonthofener Fotograf Heimhuber und der Kemptener Hofrat Madlener noch 24 Stunden für die mühevolle Erstbesteigung des 2224 Meter hohen Nebelhorns. Da sind Sie heute schneller und bequemer dran: Mit der Seilbahn von der Talstation zur Mittelstation Seealpe und weiter zur Bergstation Höfatsblick. Von dort schweben Sie mit der Panoramabahn zum hochalpinen Nebelhorngipfel. Oder Sie steuern von der Bergstation mit der Sesselbahn den Koblat und dann den Gipfel an. Wie immer Sie himmelwärts streben, an allen Stationen erwartet Sie eine vielseitige Gastronomie mit schönen Sonnenterrassen und ein gut ausgeschildertes Wanderwegenetz. Je nach Kondition, findet hier oben jeder seine ideale Tour. Geübte und bergerfahrene Wanderer können auf dem Hindelanger Klettersteig klammwandern, immer den Allgäuer Spruch 'Lant it luck' (nie klein beigeben!) im Ohr. Eine wirkliche Herausforderung.

Oberstdorf | Deutlicher Hinweis

48 Sie sehen Ihr Ziel schon von weitem: die Heini-Klopfer-Skiflugschanze ragt aus grünem Tannenwald unübersehbar in den Himmel. Diese schwungvolle Leichtbetonkonstruktion erreichen Sie entweder mit dem Sessellift oder auf einem schönen Spaziergang. Schweben Sie der Schanze dann per Schrägaufzug auf den Buckel und genießen Sie aus 72 Meter Höhe den herrlichen Panoramablick auf Oberstdorf und Umgebung. Ihnen zu Füßen liegt der Freibergsee, von Wald gesäumt. Zahlreiche Wanderwege beginnen und enden hier. Einer führt um den See, andere locken, meist gut beschildert, in die nähere Umgebung. Bevor Sie die Skiflugschanze wieder verlassen, können Sie sich noch mit einer Brotzeit stärken – direkt am Schanzentisch.

Oberstdorf | Mit den Bahnen hoch hinaus

Heimatmuseum
Oststr. 13,
Jan.-März + Mai-Okt.
Di.-Sa.
10-12, 14-17.30 Uhr

49 Die Attraktion im sehenswerten Oberstdorfer Heimatmuseum ist der weltgrößte Wanderschuh. Auch mit seinen Wanderwegen lebt der Ort im oberen Illertal auf großen Fuß und will hoch hinaus: Über 2000 km sind sie lang und liegen zwischen 800 und 2000 Meter hoch. Mehrere Bergbahnen versprechen abwechslungsreiche Touren. So fahren Sie beispielsweise mit der Großkabinen-Fellhornbahn auf 1967 Meter hinauf und mit der Söllereckbahn wieder zu Tal. Dazwischen liegt – sofern Sie trittsicher und schwindelfrei sind – eine wunderschöne, knapp 3-stündige Wanderung. Oder sie begeben sich von der Fellhorn-Bergstation aus auf eine der geführten botanisch-geologischen Wanderungen auf dem Blumen- und Wanderlehrpfad. Oder Sie besuchen im Sommer die Käserei auf der Schlappoldalpe. Oder Sie setzen Ihre Reise in Richtung Riezlern im Kleinwalsertal mit der Kanzelwandbahn fort. Oder …

Tiefenbach | Schöner Schlund

50 Hier gewährt die Natur einen hinreißenden Einblick in ihre Hochschule für Gestaltung. Ihr Werk entstand vor 10 000 Jahren: die Breitachklamm bei Tiefenbach. Seit Ende der letzten Eiszeit durchbricht die Breitach, einer der drei Quellflüsse der Iller, den mächtigen Felsstock aus Schratten-Kalk. Aber auch Schnee, Eis und Regen tragen heute noch dazu bei, dass die Felsenkluft immer bizarrer wird. Die Breitachklamm können Sie vom Parkplatz aus in rund einer Stunde durchwandern und zwar täglich zwischen 8 und 16 Uhr. Bei Schneeschmelze ist die Klamm allerdings geschlossen. Während unten das Wasser tost, wandeln Sie auf schmalen Wegen. Und über Ihnen rücken die Felswände bis auf zwei Meter zusammen. Der schöne Schlund galt früher als Ableger der Hölle. Um 1905 erhob ein Pfarrer namens Schiebel kraft seines Amtes diese Hölle zum Wanderer-Himmel, der im Winter eine zauberhafte Eis-Revue bietet.

Kleinwalsertal/A | Kleines Tal kam groß heraus

51 "Hinterm Berg leben au' Leut", bemerkten die Allgäuer einst spöttisch und meinten das über 1200 Meter hoch liegende Kleinwalsertal. Sie konnten nicht ahnen, dass dieses Tal im Jahre 1972 in einem Wettbewerb zum schönsten Urlaubsort Österreichs gekürt würde. Heute kann man erholsam auf den Spuren der Walser wandeln, die im 13. Jahrhundert aus dem einst ärmlichen Schweizer Kanton Wallis einwanderten – und bis heute Sprache und Brauchtum prägen. Für Letzteres ist übrigens das Walsermuseum in Riezlern eine gute Adresse. Hier lebt die Vergangenheit in Sennhütte und Bauernstube wieder auf. Und im Walserhaus in Hirschegg zeigt das Winter-sport-Museum die Entwicklung des Skilaufs von den Anfängen bis heute. Riezlern ist auch Ausgangspunkt für eine problemlose Wanderung durchs 15-km-Tal über Hirschegg und Mittelberg nach Baad – an der Breitach entlang, mit Blick auf das Walmendinger Horn.

Walser Heimatmuseum Riezlern
Walserstr. 54,
Mo.-Fr. 14-17 Uhr
Walserhaus Hirschegg
Walserstr. 64,
Mo.-Sa. 8-17 Uhr,
So. 8-15.30 Uhr

Babenhausen | Vornehmes von den Fuggern

Fugger-Museum
Schloss Babenhausen, Di.-So. 10-12 + 14-17 Uhr

52 Man kann sagen, ganz Bayerisch-Schwaben habe vom Handelsgeschick eines einzigen Geschlechts profitiert: Viele Städte sind eng mit der Familie Fugger verbunden. Zum Ansehen und Aufstieg Babenhausens legte der Fürst der Kaufleute, Anton Fugger, 1539 den Grundstein. Aus dieser Zeit stammt auch das Schloss, das sich noch heute im Familienbesitz befindet. Zugang haben Sie jedoch zum Trakt mit dem Fugger-Museum. Es zeigt sog. Fugger'sche Gebrauchsgegenstände aus sechs Jahrhunderten Familiengeschichte, darunter sehr wertvolle Stücke – alles andere als "alltägliches Geschirr". Aus venezianischen Handelsbeziehungen stammen kostbare Murano-Glasteller und -Tafelaufsätze. Augsburger Gold- und Silberschmiedekunst ist ebenso zu sehen wie eine Waffensammlung und ein schwäbischer Korrespondenzschrank, eine der schönsten "Ablagen" der Welt.

Oberschönegg | Oft versäumte Aufstiegschance

53 Das Hinweisschild zum 'Römerturm' kurz hinter dem Ortsausgang von Oberschönegg ist kaum zu erkennen, und der Zufahrtsweg liegt etwas versteckt. Viele Besucher lassen daher den Überrest der Altenschönegger Burg aus Unkenntnis links liegen und versäumen den herrlichen Ausblick über das hügelige Umland beiderseits der Günz. Eine Tafel klärt Sie an Ort und Stelle darüber auf, dass nur der Bergfried im Bauernkrieg den Brandstiftern widerstand – wohl, weil er besonders gute "Brandmauern" hatte. Fürst Anselm Maria Fugger von Babenhausen kaufte den Bergfried im Jahr 1809 und stellte ihn – in Stand gesetzt – als Aussichtsturm der Öffentlichkeit zur Verfügung. So können Sie heute gefahrlos die Holz- und Steinstufen zur Aussichtsplattform hinaufsteigen. Bringen Sie am besten eine Taschenlampe mit, denn im Turminneren ist es ziemlich dunkel.

Erkheim | Hier herrschte Zucht und Ordnung

54 Von Ostern bis Allerheiligen öffnet im Stadtteil Daxberg sonntags ein ganz besonderes Museum seine Tore: Das 1. Allgäu-Schwäbische Dorfschulmuseum lädt dann zu einer Reise in die Vergangenheit ein. Für Gruppen und Schulklassen gibt es nach Voranmeldung auch andere Besuchstermine. Das Schulhaus wurde 1885 erbaut, Schulbänke und Schiefertafeln stammen aus der Mitte des letzten Jahrhunderts. In diesem typischen Schulraum der 1950er-Jahre, mit obligatorischem Pult und Kanonenofen, fallen die Stundenpläne an den Bänken auf. Nehmen Sie sich Zeit, um den Ablauf einer einklassigen Schule nachzuvollziehen und den damaligen Lehrern Bewunderung zu zollen. Im Dachgeschoss stehen echte Raritäten: kunstvoll bemalte Griffelschachteln und Zeugnisse aus den Jahren 1812 bis 1897.

Dorfschulmuseum
Altes Schulhaus
Daxberg,
Ostern-Okt.
So. 14-17 Uhr

Memmingen | Giebelstadt

55 Am Memminger Gerberplatz stoßen Sie auf ein Haus mit eigenartigem Dach: Diese siebenfache Dachkonstruktion ist kein ausgefallener architektonischer Einfall, sondern hat ihren handfesten Grund in der Suche der damals hier ansässigen Gerber nach geeigneten Trockenplätzen für ihre Felle. Giebel sind noch heute Memmingens Markenzeichen, denn viele Fachwerkhäuser haben allen Zeitläufen Stand gehalten. Im Lauf der Jahre wurden Lücken stilgerecht geschlossen und besonders bei den Dächern auf Form und Höhe geachtet – so fällt der Unterschied zwischen Alt und Neu kaum auf. Schlendern Sie durch das historische Stadtviertel am Stadtbach und das geschäftige am Markt mit dem Renaissance-Rathaus und seiner Rokokofassade.

Interessieren Sie sich für Fayencen und Mobiliar? Dann schauen Sie doch im Hermansbau vorbei oder in der MEWO Kunsthalle. Dort werden Werke des Malers Unold gezeigt.

Stadtmuseum im Hermansbau
Zangmeisterstr. 8,
Mai-Okt. Di.-Sa.
10-12, 14-16 Uhr,
So. 10-16 Uhr
MEWO Kunsthalle
Bahnhofstr. 1,
Di.-So. 11-17 Uhr

Ottobeuren | Gigantisch – genial!

56 Die Synthese zweier bedeutender Stilepochen, des Barock und des Rokoko, finden Sie in ihrer eindrucksvollsten Perfektion in der Benediktinerabtei zu Ottobeuren. Prunkstück der fast quadratischen Anlage ist die Basilika, deren prachtvoll-üppig ausgestattetes Längs- und Querschiff die Handschrift der berühmtesten Stuckateure, Bildhauer und Maler Bayerns aus dem frühen 18. Jahrhundert tragen. Jede Einzelheit fügt sich in ein überwältigendes Gesamtkunstwerk. Vielleicht haben Sie auch das Glück, einem der Ottobeurer Konzerte beizuwohnen, die seit 1945 in der Basilika und im Kaisersaal stattfinden. Doch konzentrieren Sie sich nicht nur auf die Kirche, besichtigen Sie auch die Bibliothek und den Kaisersaal.

Kirchheim | Zedern und andere Hölzer

Zedernsaal
im Fuggerschloss
tgl. 9-12 + 14-18 Uhr

57 Das Fuggerschloss in Kirchheim ist ein imponierendes Bauwerk. Hans Fugger ließ ab 1578 vom Augsburger Stadtbaumeister Jakob Eschay einen fast quadratischen Komplex mit Ecktürmen errichten. Für die Ausgestaltung des eindrucksvollen Renaissancebaus wurden nur die besten Künstler beauftragt. Die Wortschöpfung für dieses Bauwerk, "Schwäbischer Escorial", versucht der imposanten Erscheinung Rechnung zu tragen. Leider litt das Schloss durch den Abbruch des Nordflügels und von Teilen des Westflügels im Jahre 1852. Das Prunkstück ist der Zedernsaal mit Europas schönster Kassettendecke. Wendel Dietrich, ein bedeutender Künstler des ausgehenden 16. Jahrhunderts, schuf diese prachtvolle Holzdecke um 1585. Sie besteht aus Libanon-Zedern sowie 14 einheimischen Hart- und Weichhölzern. Die Akustik des kunstvoll gestalteten Raumes ist großartig. Und so begeistern jeweils im Sommer die 'Kirchheimer Konzerte' Musikfreunde aus nah und fern – mit einem ungewöhnlichen Klangerlebnis.

Mindelheim | Textilkunst aus fernen Ländern

58 Ein Bummel durch den lebendigen Stadtkern von Mindelheim führt Sie vorbei an sehenswerten Kleinodien. Und von einer Anhöhe grüßt die Mindelburg Georgs I. von Frundsberg, des "Vaters der Landsknechte". Zu seinen Ehren findet alle drei Jahre das historische Frundsbergfest statt. Mindelheim besitzt aber auch eine reiche Museumslandschaft: Sehenswert ist das in der ehemaligen Silvesterkirche untergebrachte Turmuhrenmuseum mit 50 Turmuhren von 1562 bis 1933. Im ehemaligen Jesuiten-Kolleggebäude vermittelt das Schwäbische Krippenmuseum ein facettenreiches Bild des Krippenschaffens. Die vor- und frühgeschichtliche Sammlung lädt u.a. in die Hallstattzeit ein. Eine besondere Kostbarkeit ist das Textilmuseum mit Exponaten aus aller Welt. Wussten Sie übrigens, dass unsere Textilkunst ihren Ursprung im Orient hat? Lassen Sie sich überraschen!

Turmuhrenmuseum
Hungerbachstr. 9, Mi. 14-16 Uhr
Textilmuseum und Schwäbisches Krippenmuseum
Hermelestr. 4, Di.-So. 10-12 + 14-16 Uhr

Kneipp-Museum
Kloster der Dominikanerinnen, Jan.-Nov. Di.-So. 15-18 Uhr

Bad Wörishofen | Wasser und viel frische Luft

59 Weit über die Landesgrenzen hinaus bekannt ist das Kneippheilbad Wörishofen. Hier wirkte Mitte des 19. Jahrhunderts der Pfarrer Sebastian Kneipp und hier praktizierte er seine Wasserkur, die er später weiterentwickelte. Die Kneippkur beruht, wie Kneipp selbst immer wieder betonte, auf fünf Säulen. Er nannte sie 'Heilkraft des Wassers', 'Vitalität durch Bewegung', 'Heilwirkung der Kräuter', 'Gesunde Ernährung' und 'Harmonie von Körper und Geist'. Wenn Sie sich mit der Lehre von Sebastian Kneipp näher befassen wollen, lädt Sie das Sebastian-Kneipp-Museum in den Räumen des Dominikanerinnenklosters zu einem Besuch ein. Es veranschaulicht Kneipps Lebensweg, die Entwicklung der Kneipp-Bewegung sowie die Lebensverhältnisse des 19. Jahrhunderts. Ergänzend dazu verspricht der Kneipp-Waldrundweg Bewegung und Besinnung – ganz nach der Lehre von Sebastian Kneipp.

Bad Wörishofen | Farbenfrohes Rosenreich

60 Ein Blütenparadies ist die weitläufige Kurparkanlage von Bad Wörishofen! Wie eine überdimensionale Farbpalette leuchten überall zwischen Hecken, Wegen und Rasenflächen herrliche Blumenbeete. Die unbestrittenen Königinnen des Parks sind die über 450 verschiedenen Rosenarten des Rosengartens, unerreicht in Vielfalt und Schönheit. Seit einigen Jahren lockt nicht nur der Duft der Rosen, sondern auch ein Duft- und Aromagarten – ganz im Sinne von Sebastian Kneipp, wonach der Duft zur "Sprache der Pflanze" gehört. In der jüngsten Anlage können Sie gleich drei Kräutergärten aus verschiedenen Epochen miteinander vergleichen: den mittelalterlichen Klostergarten nach Walafrid Strabo, den Leonhart-Fuchs-Garten, der das medizinisch-botanische Wissen der frühen Neuzeit widerspiegelt, und den ländlich-bäuerlichen Sebastian-Kneipp-Garten. Eine gesunde Mischung.

Irsee | Gebraut nach klösterlichem Brauch

61 Bereits im frühen Mittelalter nahmen sich die Klöster des Bierbrauens an. Es ist also nicht verwunderlich, dass man überall dort, wo Klöster standen oder heute noch stehen, etwas vom Bier versteht. So auch im Klosterviertel von Irsee, das Sie gleich mehrfach überraschen wird: Hier erwarten Sie neben einer Kloster-Spezialitätenbrauerei mit historischem Braugasthof und Hotel auch Kleinkunstbühne, Galerie, Töpferei und Konzerte im Kloster. Darüber hinaus finden Sie hier ein kleines, aber feines Braumuseum. Sie sind eingeladen, beim Bierbrauen zuzuschauen – in einer der ältesten Brauereien Deutschlands: Das Museum gewährt Ihnen Einblick in Sudhaus und Gärkeller. Denn in Irsee wird heute noch so gebraut, wie es früher üblich war. Außerdem erfahren Sie spannende Details über die Geschichte des Bieres und sein Reinheitsgebot. Falls Sie zwischendurch Durst bekommen sollten: Bier gibt es hier genug ...

Braumuseum Irsee
Klosterring 1-3, tgl. 9-19 Uhr

Kaufbeuren | Puppentheater und Märchenkutsche

62 Im Jahr 1987 gelang es dem Puppenspielverein Kaufbeuren in Zusammenarbeit mit dem Bayerischen Nationalmuseum ein Puppentheater-Museum zu eröffnen. Die reichhaltige Grundausstattung für dieses Museum kam von Alois A. K. Raab, der das Ergebnis seiner 60-jährigen Sammelleidenschaft dem Museum zur Verfügung stellte. Bereits zwei Jahre später konnte das Museum den Nachlass des Puppenhistorikers Hans Purschke erwerben, sodass Sie heute eine eindrucksvolle Sammlung besichtigen können. Lassen Sie sich begeistern von den vielen Figuren und Requisiten, bewundern Sie die Drehorgeln, die Musikapparate und natürlich die "Kaufbeurer Märchenkutsche". Betrachten Sie die historischen Plakate und das "Papiertheater" sowie das europäische Puppentheater und bestaunen Sie das Puppenspiel, die Musik und den Tanz aus Indien, Burma, Sri Lanka und Thailand. Es wird Ihnen gefallen!

Puppentheater-Museum
Ludwigstr. 41a,
Do.-Sa.
10-12, 14.30-17 Uhr,
So. 10-12 Uhr

Seeg | Und die Kuh schaut zu

63 Klein, aber fein! Nach diesem Motto wurde der See bei Seeg angelegt – übrigens auf Wunsch keines Geringeren als Kaiser Maximilian I. Das Gewässer liegt zwischen den sanften Hügeln der Voralpen inmitten saftiger Wiesen. Schöne Ufer laden zum Wandern ein. Und so mancher Spazierweg bietet reizvolle Ausblicke. Damit Sie sich nicht verlaufen, sind die Wege gut ausgeschildert. Am schönsten ist es sicher, wenn Sie immer in Blickkontakt mit dem blauen Element bleiben. Falls Sie sich in kühle Fluten stürzen wollen, müssen Sie allerdings zum Schwaltenweiher. Er liegt 2 km westlich von Seeg. Als kleine Oasen zum Entspannen – nach dem Erkundungsgang per pedes, mit dem Drahtesel oder gar hoch zu Ross – empfehlen sich das Strandcafé Schwaltenweiher oder die schöne Liegewiese daneben – damit liegen Sie auf jeden Fall richtig.

Hopfen | See nach Ländle-Art

64 Einst gab es hier an der Zunge eines gigantischen Gletschers ein Wasser, so groß wie der Bodensee. Doch die Natur machte im Laufe der Erdgeschichte mehrere kleinere Wässerchen daraus – u. a. auch den Hopfensee. Und deshalb sieht "'s Ländle", wie manche die Gegend rund um den See nennen, so gemütlich aus. Von Hopfen wandern Sie auf einem rund 6 km langen Rundweg durch Schilf und Wald und Wiesen. Ein optisches Extra dabei ist der Blick vom Nordufer auf die oft weiß bestäubten Alpengipfel. Der See lädt auch zum Baden ein – in der Nähe der Uferstraße – mit großer Wiese und Freibadestrand. Hier liegen auch Tret- und Ruderboote sowie Surfbretter für die Wasserratten bereit. Falls Ihnen das nicht genügen sollte: Sie können sich auch anders fit halten – im Sommer mit Tennis und Reiten und im Winter mit Eislaufen und Curling.

Füssen | Das Haus im See

Festspielhaus Füssen
Theaterkasse:
Di.-So. 14-18 Uhr
Gastronomie:
tgl. 11-20 Uhr,
bei Spielbetrieb
bis 24 Uhr

65 Auf einem neu aufgeschütteten 45 000 qm großen Grundstück im Forggensee erfolgte im August 1998 die Grundsteinlegung für ein neues, großartiges Festspielhaus. Nach dem Richtfest im April 1999 fieberten alle der Welturaufführung des Musicals 'Ludwig II. – Sehnsucht nach dem Paradies" entgegen. Am 7. April 2000 war es dann so weit. Der Spielbetrieb begann und die Nachfrage war groß. Und so konnte das Stück – bis zur letzten Vorstellung am 31. Dezember 2003 – jährlich rund 420 mal gespielt werden. Nach einer kurzen Ruhepause ging es ab Juni 2004 mit einem variablen kulturellen Programm und verschiedenen Events weiter. Doch bereits im März 2005 feierte das neue Musical über König Ludwig II. von Bayern 'Ludwig' Premiere. Dieses neue Stück wurde dann bis Ende 2006 gespielt. Seit 2007 bietet das Festspielhaus ein vielfältiges Angebot für die gesamte Region – von renommierten Veranstaltern mit

unterschiedlichen Programmen. Informieren Sie sich ruhig einmal vor Ort. Es lohnt sich, das Haus zu betrachten, das ausführliche Jahresprogramm zu studieren und die Vielfalt der Gastronomie kennen zu lernen. So finden Sie hier u.a. ein Romantik-Restaurant mit Panoramasaal, ein Café, eine Lounge & Bar und natürlich auch einen wunderschönen Wirtshaus-Biergarten – mit Neuschwanstein-Blick. Und vielleicht finden Sie ja auch eine Veranstaltung, die Sie besuchen möchten ...

Schwangau | Romantische Schlössertour

Schloss Neuschwanstein, Schloss Hohenschwangau
April-Sept. tgl. 9-18 Uhr, Do. 9-20 Uhr, Okt.-März tgl. 10-16 Uhr

66 Von weitem sieht diese 'fabelhafte' Burg aus, als wäre sie geradewegs aus dem Märchenbuch in die Bayerischen Alpen versetzt worden. Hier hat einst König Ludwig II. einen Traum Stein werden lassen: Schloss Neuschwanstein wurde zum Inbegriff deutscher Romantik. Die Burg thront in unvergleichlicher Lage auf einem hohen Felsenrücken, 200 Meter über dem Tal. Den schönsten Blick auf Söller und Zinnen hat man von der Marienbrücke aus. Der vierstöckige Palas enthält u.a. die prunkvoll ausgestattete Königswohnung, ebenso beeindruckt der Thronsaal im dritten Stockwerk des Schlosses. Und vom Söller bietet sich eine herrliche Aussicht auf die umliegenden Berge und Seen.

Das zweite Königsschloss im Ortsteil Hohenschwangau, einst die "gute Kinderstube" von König Ludwig II., wirkt von außen eher wie ein englisches Kastell, streng und zinnenbewehrt. Im Innern überraschen Farbenpracht und Formenreichtum sowie romantische Darstellungen von Ritterlegenden. Farbenprächtige Wandgemälde erzählen u.a. die 'Schwanensage'. Heute sind die beiden Schlösser ein viel bestauntes Ausflugsziel.

Die schönsten Radtouren
für Sie entdeckt

Naturerlebnis und Geselligkeit, Anstrengung und Erholung – dieses Wechsel- und Spannungsverhältnis macht den Reiz einer Fahrradtour aus. Und da neben der sportlichen Betätigung vor allem die Freude am Radfahren nicht zu kurz kommen soll, radelt man auf ausgeschilderten Wegen oder idyllischen Nebenstraßen, streift kleine und große Seen oder begleitet Flüsse und Bäche. Dabei spielt es keine Rolle, ob es sich um einen kurzen Sonntagsausflug, eine anspruchsvolle Tagesfahrt oder um

eine mehrtägige Tour mit allen Schwierigkeitsgraden handelt. Was zählt, ist das intensive Erlebnis und nicht so sehr die zurückgelegten Kilometer. Ob man nun allein, mit Freunden oder der Familie unterwegs ist – immer ist auch der Weg das Ziel: Wer mit offenen Augen durch Deutschland radelt, entdeckt reizvoll gelegene Badeseen und gemütliche Biergärten, die unter Schatten spendenden Bäumen zur Rast einladen, oder kleine Museen mit verborgenen Schätzen. Oft grüßen romantische Schlösser und Burgen auf halber Höhe, die mit weiten Ausblicken punkten. Geht es gar zu steil bergauf, darf der Drahtesel auch mal geschoben werden. Dafür weht der Fahrtwind bergab umso kräftiger um die Nase.

In diesem Freizeitführer und in der beigefügten Freizeitkarte werden die schönsten Fahrradtouren vorgestellt. Die abwechslungsreichen Strecken berühren sehenswerte Ausflugsziele und wecken die Freude an Natur, Kultur und Geselligkeit.

Tour 1 | Bad Waldsee – Bad Wurzach – Haisterkirch – Bad Waldsee

Länge: 38 km
Dauer: 4 Stunden
Aufgrund etlicher steiler Anstiege keine ganz einfache Tour, die aber auf der Grabener Höhe herrliche Fernblicke bietet.

Nach einem Spaziergang durch den mittelalterlichen Stadtkern von Bad Waldsee führt die Tour nach Haidgau und Kimpfler. Knapp 1 km hinter dem Weiler geht's am Kieswerk in Richtung Ziegelbach und nach Bad Wurzach. Man radelt durch den Kurpark und am Wurzacher Ried entlang weiter nach Dietmanns. Nach Wengen geht es steil hinauf auf die Grabener Höhe, dann wieder hinab nach Graben und über Haisterkirch zurück nach Bad Waldsee.

Tour 2 | Kißlegg – Immenried – Weitprechts – Kißlegg

Länge: 22 km
Dauer: 2 Stunden
Kurze, einfache Tour auf gut ausgebauten Wegen durch die reizvolle Seen- und Moorlandschaft bei Kißlegg.

Die Tour führt von Kißlegg am Obersee vorbei nach Weitershofen. Man radelt nach Blöden am Rötsee und über Rahmhaus nach Immenried. Durch ein Wäldchen erreicht man den Holzmühleweiher und fährt über Eintürnenberg und Weitprechts nach Metzisweiler. Der Weiher dort, aber auch der Holzmühleweiher zuvor, bieten sich für eine erfrischende Badepause an. Zum Schluss geht es am kleinen Stockweiher vorbei über Matzenweiler zurück nach Kißlegg.

Tour 3 | Memmingen – Buxheim – Illerbeuren – Memmingen

Länge: 30 km
Dauer: 3 Stunden
Schöne, leichte Rundfahrt durchs Unterallgäu. Auf halber Strecke zeigt das Bauernhofmuseum in Illerbeuren, wie man in früheren Zeiten in dieser Region gelebt hat.

Man radelt vom Memminger Bahnhof über den Marktplatz, dann durch das Westtor und, nachdem man die A 7 überquert hat, vorbei an Buxach nach Buxheim mit der sehenswerten barocken Klosteranlage. Auf dem Illerradweg geht es am Fluss entlang weiter nach Illerbeuren. Den Besuch des dortigen Bauernhof-Museums (s. Abb.), ein aus mehreren Gebäuden bestehendes Freilichtmuseum, sollte man zeitlich mit einplanen. Nach dieser Pause führt die Tour, an Dickenreishausen vorbei, durch das Buxachtal zurück nach Memmingen.

Tour 4 | Ottobeuren – Böhen – Markt Rettenbach – Ottobeuren

4

Länge: **37 km**
Dauer: **4 Stunden**
Die anspruchsvolle Strecke mit ihren vielen Steigungen ist eher etwas für geübte Radwanderer.

Von Ottobeuren fährt man auf einem Radweg in Richtung Wolfertschwenden, kommt an der Sternwarte und den Weilern Leupolz und Karlins vorbei und erreicht Böhen. Über Günzegg, Ollarzried und Dingisweiler führt die Tour immer bergauf und bergab am Markt Rettenbach vorbei nach Frechenrieden. Dort geht's nochmals steil hinauf nach Dennenberg und durch eine Senke zurück nach Ottobeuren. Gekrönt wird die Rundfahrt mit einer Besichtigung der Barockbasilika, die zur eindrucksvollen Anlage des Benediktinerklosters gehört.

Tour 5 | Kempten – Altusried – Illerdurchbruch – Kempten

5

Länge: **30 km**
Dauer: **3 Stunden**
Bis auf eine größere Steigung bei Altusried eine nicht allzu schwierige Rundfahrt, die über eine weite Strecke am idyllischen Ufer der Iller entlangführt.

Über die Memminger Straße und den Adenauerring radelt man von Kempten über Heiligkreuz nach Depsried. Am Wald entlang geht's weiter nach Altusried; dort lohnt sich ein kurzer Besuch des Käsereimuseums. Vom Altusrieder Schwimmbad aus gelangt man steil bergauf nach Krugzell; an der Pfarrkirche St. Michael radelt man nach rechts in Richtung Sportplatz und erreicht den Uferweg. Nun geht es immer dicht am Ufer der Iller entlang wieder zurück nach Kempten.

Tour 6 | Kempten – Niedersonthofener See – Kempten

Länge: **27 km**
Dauer: **2,5 Stunden**
Kurze, recht einfache Rundfahrt durch die bezaubernde Fluss- und Seenlandschaft südlich von Kempten.

Die Fahrt beginnt in Kempten, führt am Güterbahnhof vorbei nach Hegge und hinab zur Iller. Bei der kleinen Illertalbrücke beginnt der Illerradweg, der am Flüsschen entlang über Ried nach Martinszell führt. Über Oberdorf und am Niedersonthofener See vorbei gelangt man anschließend nach Memhölz. Dann geht's, unter der B 12 hindurch, in Richtung Leutenhofen. Man kreuzt die Straße Waltenhofen – Wirlings, fährt an einer kleinen Siedlung vorbei und erreicht wieder Kempten.

Tour 7 | Oberstdorf – Birgsau – Untere Biberalpe

Länge: **29 km Auffahrt, 20 km Abfahrt**
Dauer: **3 Stunden Auffahrt, 1,5 Stunden Abfahrt**
Nur für konditionsstarke Radwanderer geeignete Gebirgstour, die 500 Höhenmeter nicht scheuen.

Die Tour führt vom Oberstdorfer Bahnhof an der Wallfahrtskapelle St. Loretto vorbei nach Ringang und zur Talstation der Fellhornbahn in Faistenoy. Von dort radelt man immer parallel zur Straße nach Birgsau. Kurz hinter dem Ort geht's auf die andere Seite der Stillach, und bald steigt die Strecke in steilen Serpentinen an. Auf dem Höhenweg entlang dem rauschenden Rappenalpenbach erreicht man auf 1310 m Höhe die Untere Bibleralpe. Von dort geht es über Birgsau und dann auf der Fahrstraße zurück nach Oberstdorf.

Tour 8 | Bad Wörishofen – Irsee – Ingenried – Bad Wörishofen

Länge: **33 km**
Dauer: **3,5 Stunden**
Eine nicht allzu schwierige und daher für einen Familienausflug gut geeignete Rundtour.

Von Bad Wörishofen, dem Geburtsort des berühmten 'Gesundheits-Pfarrers' Kneipp, fährt man zunächst nach Stockheim und über die Wertach. Am Beckstettner Moos entlang radelt man weiter nach Pforzen. Hinter Leinau überquert man die B 16 und fährt durch den Wald bergauf nach Irsee. Dort lädt die Klosterbrauerei zu einer Pause ein. Dann geht's hinunter ins Tal, anschließend wieder hinauf nach Oggenried und durch den Wald nach Ingenried. Über Ober- und Untergammenried führt die Tour, am Waldsee vorbei, zurück nach Bad Wörishofen.

Tour 9 | Marktoberdorf – Ebenhofen – Elbsee – Marktoberdorf

9

Länge: 20 km
Dauer: 2 Stunden
Die Tour ist vor allem für Familien mit Kindern geeignet und führt auf meist asphaltierten Wegen zum Elbsee.

Entlang der Schwabenstraße und unter der B 12 hindurch fährt man von Marktoberdorf nach Ebenhofen. Über Ruderatshofen radelt man weiter zum Elbsee, um dort einen ausgiebigen Badenachmittag zu genießen. Zurück geht's auf dem Schwäbisch-Allgäuer-Wanderweg, zuerst am Wald entlang, dann durch Immenhofen und nach etwa 1,5 km rechts in Richtung Geisenhofen. Durch den Stadtteil Ennenhofen hindurch erreicht man dann wieder die Schwabenstraße in Marktoberdorf.

Tour 10 | Seeg – Nesselwang – Rückholz – Seeg

10

Länge: 29 km
Dauer: 3,5 Stunden
Die Tour bietet schöne Ausblicke auf Berge und Burgruinen, ist aber wegen der vielen Steigungen für Kinder nur bedingt geeignet.

Von Seeg geht es am Ortsteil Riedegg vorbei talwärts nach Schnarren; dort zunächst über einen Kiesweg, dann durch den Wald an den Weilern Roßfallen und Weizern vorbei nach Schwarzenbach. Über Schweinegg und Hertingen erreicht man den Luftkurort Nesselwang, dessen gemütliche Gasthäuser zu einer Pause einladen. Gestärkt radelt man dann weiter nach Schneidbach, überquert die A 7 und fährt bergauf zur Siedlung Schönewald. Von dort geht's hinunter nach Rückholz und zurück nach Seeg und zum nahen Badesee (s. Abb.).

Impressum

Bildnachweis

Titelbild: Studio Lang, Ostfildern
Fotos Ausflugziele: Archiv MAIRDUMONT Nr. 2, 6, 7, 8, 9, 10, 17, 20, 21, 23, 31, 33, 38, 40, 41, 44, 50, 51, 53, 56, 63, 64; Automuseum Fritz B. Busch Nr. 11; Bildagentur Mauritius/Albinger (Aufmacherfoto); S. Brixel Nr. 25; Festspielhaus Füssen Nr. 65; Fotoarchiv Zenzen-Scheller Nr. 4; FVA Kißlegg Nr. 13 + 14; Fürstin Fugger zu Glött Nr. 57; Gemeindeverwaltung Pfronten Nr. 36 + 37; HB Verlag/M. Heimbach Nr. 22, 24 + 62; HB Verlag/H. Neidhardt Nr. 42; I. D. Werbeagentur GmbH, Augsburg Nr. 47; KV Fischen Nr. 43; KV Oberstaufen Nr. 19; KV Schwangau Nr. 66; M. Singer Nr. 1; Städt. Kurdirektion Bad Wörishofen Nr. 59; VA Balderschwang Nr. 45; VA Biberach Nr. 3; VA Lindenberg Nr. 18; VA Oberstdorf Nr. 46 + 49; alle übrigen Fotos W. Kern
Fotos Radtouren: Archiv MAIRDUMONT S. 45; HB Verlag/M. Heimbach S. 43; Studio Lang S. 42, 44 + Aufmacherfoto

Impressum

Allianz Freizeitführer

Redaktion: MAIRDUMONT GmbH & Co. KG, Radegunde Schenk-Kern, Marco-Polo-Zentrum, D-73760 Ostfildern, Tel. 0711/4502-267, Fax 0711/4502-1006
E-Mail: r.schenk-kern@mairdumont.com
Kartografie: MAIRDUMONT GmbH & Co. KG, Ostfildern
Gestaltung: red.sign, Stuttgart
Layout: Studio Lang, Ostfildern

Die Angaben in diesem Freizeitführer, insbesondere die Anschriften und Öffnungszeiten, wurden sorgfältig geprüft. Für die Richtigkeit der Angaben kann trotzdem keine dauerhafte Gewähr übernommen werden. Die in dieser Broschüre vorgestellten Radtouren basieren auf Vorgaben der Kompass-Radwanderführer, erschienen im Deutschen Wanderverlag.